拉鲁斯专注力训练游戏书

超级观察员

[法] 桑德拉·勒布朗 [法] 奥拉尔·梅耶 著
[法] 洛朗·奥都安 [法] 莫德·里恩纳尔 绘
唐天红 译

中信出版集团 | 北京

大家都在游泳馆

下图画的是卡洛琳娜在游泳馆里和小朋友们一起玩耍的场景。图中藏着10副泳镜，快把它们找出来吧，你只有一分钟的时间哟。计时开始！嘀嗒——嘀嗒——

阿兹特克日历

你知道今天是星期几吗？想要知道日期我们一般会去看日历，但是生活在墨西哥的阿兹特克人，他们使用的日历和我们的日历非常不同。下面的图片画的就是阿兹特克人的日历，仔细观察，将两个图案完全相同的日历找出来。

芝麻开门

你看到下面的四扇大门了吗？宝藏就藏在其中一扇门的后面。图中的钥匙，只有四把可以开启大门。观察钥匙的形状，为每一扇门找到合适的钥匙吧！

美丽的小船

下图中的小船拼图多漂亮啊，可惜它的左下角缺少一块。你能在下面标注着数字1—8的八块拼图中，把缺少的那块找出来吗？

比赛纪念照

下面是观众为网球运动员拍摄的两张照片。乍一看，两张照片好像差不多，其实却有10处不同的地方，你能把它们找出来吗？

假期的回忆

寒假的一天早晨，孩子们在打雪仗，奶奶给他们照了好多张照片。下面的两张照片中有10处不同的地方，你能把它们找出来吗？

小船的路

泰奥找不到自己的船了，快来帮帮他。下图中有三个白色的泡泡，每个泡泡中都有一个问题，而泡泡上面的两个红色指示牌中分别有一个选项，只要选择出正确的答案，就可以沿着指示牌所指的方向前行，找到到达小船的路。你来帮泰奥选一下正确答案吧。

熙熙攘攘的清晨

这座城市的清晨可真热闹哇！观察最下面的 6 幅小图，在大图中找到它们对应的位置，写在线上。

注意：下面的小图中，有一幅在上面的大图中没有出现，你知道是哪一幅吗？

______ ______ ______ ______ ______ ______

体操课

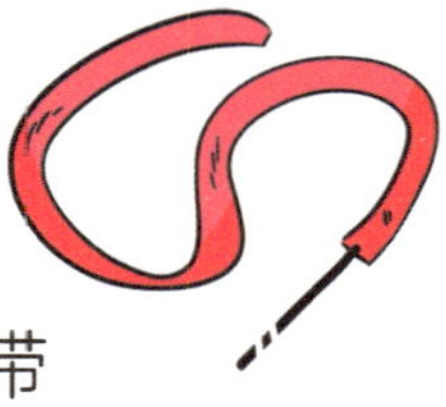

体操课上，雷安想要练习艺术体操中的带操，但是她需要先拿到彩带才可以训练。帮助雷安在下图中找到她的带棍，然后把彩带上的字连起来，你知道雷安最喜欢的颜色是什么吗？

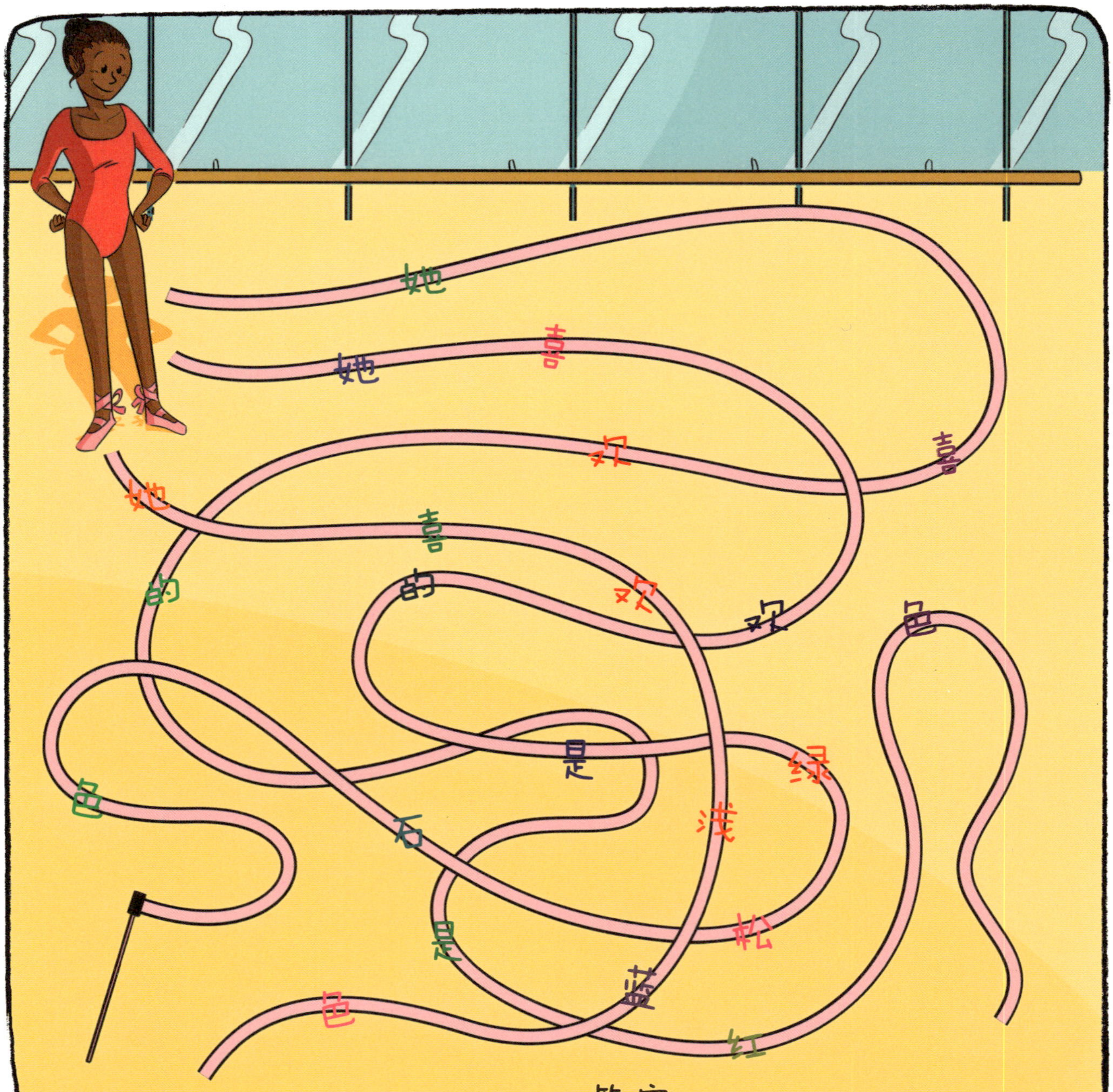

答案：＿＿＿＿＿＿＿＿

缺失的拼图

你看到下面大图中那台奇怪的拖拉机了吗？这是一幅拼图，可惜上面少了一块，你能在标注着数字 1 到 8 的小块拼图中找到合适的那块，把它拼在拖拉机上吗？

复活节彩蛋

多多为庆祝复活节准备了 8 只彩蛋，可惜当他走到花园里的时候，彩蛋掉到地上，摔碎了。观察下图，为每一半彩蛋壳找到能与它完美拼接的另一半，最后将没有另一半的彩蛋壳圈出来。

拼青蛙

艾尔万在池塘边看到了下图中的这只青蛙，可惜这张图被剪成了五个部分，而且顺序都乱了。你能将图片重新排列好吗？排列好图片后，图片上面的字会连成一句话。这句话是什么呢？

寻找相同点

乍一看，下面的两幅图完全不同，左边的图画的是冬天的景色，右边的图展现的却是春天的场景，但是实际上，这两幅图中有10处相同的地方，你能将它们找出来吗？

舞龙

下图表现的是人们舞龙时的场景。仔细观察下面标注着字母A、B、C、D、E、F的小图，其中只有一幅可以在大图中找到，其余的都有一处与大图不同的地方。你能将这张特殊的小图找出来吗？

找密码

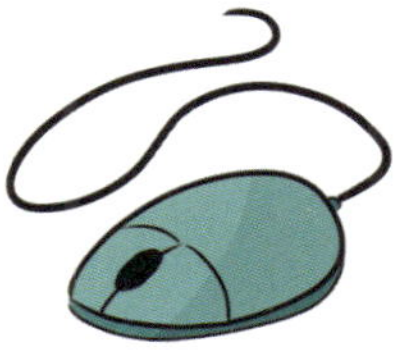

亚当把自己电脑的密码给忘了，快来帮帮他！从左向右依次找到下图中四条鼠标线对应的电脑，然后把电脑上的字连在一起，就可以知道亚当的密码了。

汽车修理厂

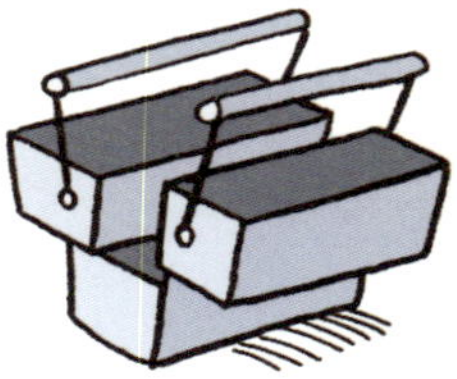

仔细观察下图，看看你是否能够找到：

5 只蜘蛛，8 颗螺丝钉，4 把扳手，8 个轮胎，3 把螺丝刀

下图中有一样东西是汽车修理工用不到的，你能将它找出来吗？

乐队

下图中的几个人是好朋友，他们一起组建了一个乐队。仔细阅读下面的信息，然后说出每位乐队成员的名字：弗洛的乐器是吉他，他站在艾米丽和佐伊中间；爱丽丝负责打击乐，她站在哈里森旁边；艾米丽是乐队里的歌手。

骑马前的准备工作

爱玛想去骑马，在这之前，她需要观察下面的 6 幅图，把它们按照先后顺序排列好。

物品对对碰

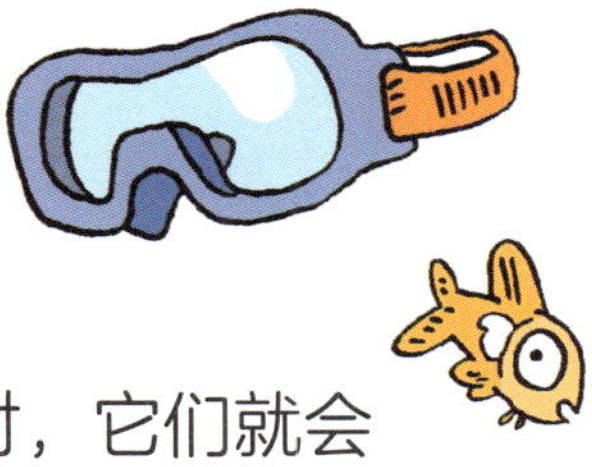

图中有好多物品啊，简直让人眼花缭乱，如果我们给这些物品配对，它们就会显得整齐很多，比如笔帽和笔可以配成一对。可以配对的物品，一共有十组，剩下一样物品不能配对，你能把它们都找出来吗？

树林

下图是自行车大赛经过的一个树林，树林中藏着三只母鸡、两头猪、两只兔子和一头母牛，你能把它们找出来吗？图中还有一处不合常理的地方，把它也指出来。

猴子与浆果

下图底端那只小猴子捡到了一些浆果，它想和小伙伴一起分享，可是它找不到和小伙伴会合的路了。根据下面的提示，帮助它找到正确的路吧！提示：小房子中的小黑点代表浆果，遇到十字路口的时候，就选择浆果数量最多的小房子，依次这样走下去，就会找到出口。把正确道路上的字连起来，看看小猴子是什么种类。

答案：________________

可爱的鹦鹉

鹦鹉的羽毛颜色好鲜艳哪！按照羽毛颜色的异同，将下图中的鹦鹉每两只分为一组，每组中的两只鹦鹉羽毛颜色要一模一样。最后你会发现有一只鹦鹉找不到自己的小组，它是哪一只呢？

森林漫步

卡里姆正在森林里散步，他想到林中的空地上去休息一会儿。帮他找到正确的路，然后将他走过的路上的字连在一起，你就知道他在路上拾进篮子里的东西是什么了。

答案：______________________

琳琅满目

市场里有好多东西。睁大双眼，仔细观察下图，看看你是否能够说出市场里各种东西的名称，可以是吃的东西或用的、玩的物品，也可以是动物，至少要说十个。

滑雪

哇哦，下图中的人滑雪滑得很棒啊！仔细观察下面标注着数字 1 到 6 的六幅阴影图，看看哪一幅与滑雪者是完全一致的。

乘坐热气球

观察下图，看图中哪些位置出现了白色，至少找出10 处。

艰苦的训练

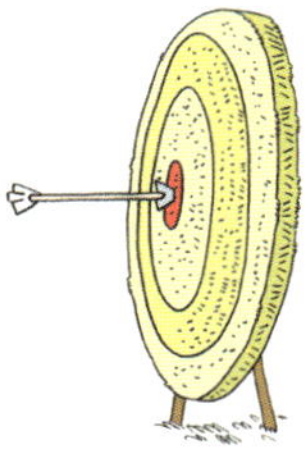

马克·唐图要参加一场射箭锦标赛，现在他正在训练。下图中画的是马克射出的箭，其中有一支箭会脱靶，你能把它找出来吗？

大家一起去度假

去度假放松一下真是一件美事！下面两幅图表现的就是大家去度假时的场景。这两幅图中有 10 件物品是相同的，仔细观察，将它们找出来。

找不同

可怕的怪物入侵了这座城市，大家四散而逃。这种怪物有一种超能力，它不仅自己可以改变样子，还能将所经之处的物品也改变模样。右边的图就是被怪兽改变之后的样子，将它和左边的图进行比较，找出 20 个不同之处。

闻起来好香

好香的味道哇，托马斯正在做饭。沿着下图中黑色的线，将每个字分别放入对应的白色圆圈中，再将这些字连在一起，你就知道托马斯做的是什么菜了。

篝火派对

艾辽卡和她的朋友们正在篝火旁载歌载舞。下面的小图中有一样物品没有出现在这个派对上，你能把它找出来吗？

好多白色的圆泡

克雷蒙蒂娜找不到她的浴巾了，快来帮帮她吧！下图每个白色圆泡中都有一个字，从起点开始，按照“白”→“色”→“的”→“圆”→“泡”的顺序走下去，就可以找到浴巾！注意：只能直行，不能斜向前进哟！

白	的	泡	的	圆	白	的	圆	色	泡
色	白	白	色	泡	圆	色	泡	的	泡
的	圆	泡	色	白	色	的	白	色	圆
泡	泡	色	圆	的	白	圆	泡	白	的
白	色	圆	泡	泡	圆	的	白	色	泡
圆	的	泡	泡	泡	圆	的	色	圆	泡
色	白	泡	的	白	色	色	泡	泡	色
的	色	白	色	圆	的	泡	白	色	的
泡	圆	色	的	泡	泡	圆	泡	圆	圆
泡	圆	圆	泡	白	色	的	的	泡	泡

谁要打电话

下图中画的是几个外星人，他们当中有一个想给地球人打一个电话。根据下面给出的线索，将这个外星人找出来：他不是最高的也不是最矮的，他的眼睛不是橙色的也不是蓝色的，在他旁边的不是手臂最多的外星人。你知道他是谁了吗?

米拉的度假地

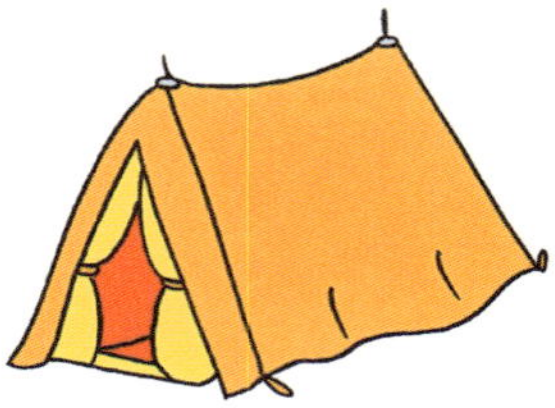

将下图中的帐篷按照从小到大的顺序排列，排好顺序后将帐篷上的字连在一起，这样你就知道米拉度假的地方是在哪里了。注意：有一顶帐篷是多余的！

画面外的图画

下面标注着数字 1 到 8 的八幅小图中，有七幅可以在下面的大图中找到，只有一幅图例外，你能把它找出来吗？

1　2　3　4　5　6　7　8

穿越沙漠

马丁正在沙漠里行走，天气真是太热了！他想尽快到达绿洲。在下图中帮他找到前往绿洲的路吧，并把路线画出来，看看他的足迹在热乎乎的沙子上留下的形状是什么样的。

骑士过迷宫

骑士吉德·古德弗洛想到达国王所在的房间。根据下面的提示为他找到正确的路线吧：每到达一个房间的时候，他都会看到一个问题，在问题下面的两个指示牌中选择正确的答案，然后按照指示的方向前进，就可以找到正确的路。

夜晚的星空

路易和洛儿正在观察星空，今晚的天气真好，夜空中有好多颗星星。
仔细观察下图，看看你能找到多少颗星星。

进城了

今天城里的人可真多哇。观察下图，用1分钟的时间，在图中找出：1 辆自行车、2 条狗、 3 只猫和 4 只鸽子。计时开始！

独一无二的航班号

下图中给出的是飞机的航班号，这些航班号中只有一个是没有重复的，你能将它找出来吗？

过节了

过节的时候，所有的彩灯都点亮了，五颜六色的彩灯真好看。给下面的彩灯上色，注意要满足下面的要求：每一行、每一列以及用红色直线隔开的每个格子内，都要包含如下颜色的彩灯：红色、灰色、深蓝色、黄色、浅绿色、深绿色、橙色、紫色和粉色。

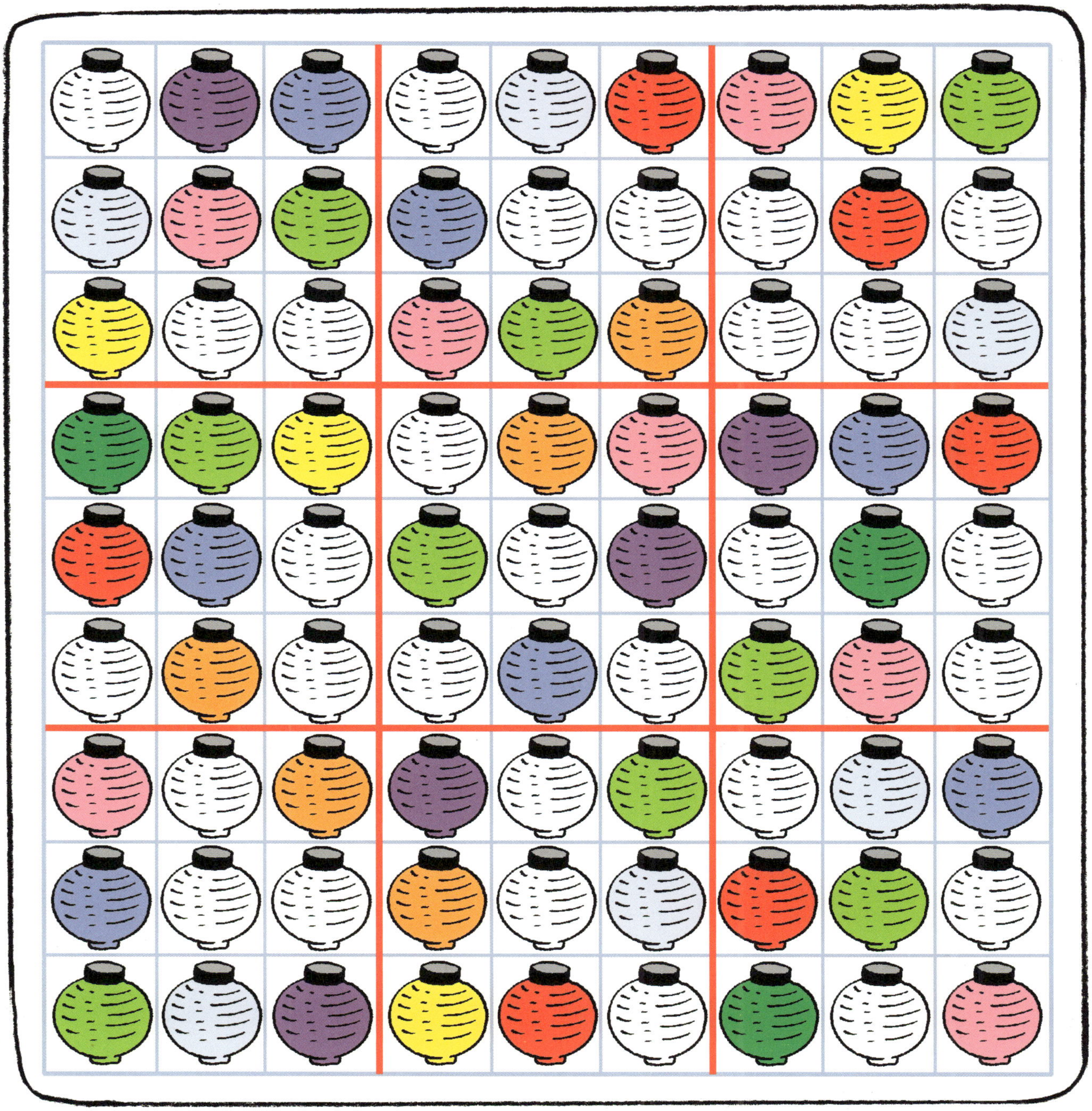

物品对对碰

左边图中所有的物品都可以在右边图中找到，
只有一样物品除外，你知道是哪一样吗？

水果
柠檬
时令
水果
杏
西瓜
甜瓜
鸡蛋
胡萝卜
蔬菜

找鼻子

下图中的雪人名字叫马塞尔，它有点儿不开心，因为它的胡萝卜鼻子不知道掉到哪里去了。从下图左下方箭头所指的方向进入迷宫，帮助马塞尔找到它的鼻子吧。

牧羊犬

下图左上角的那只牧羊犬迷路了，图中的绳索代表前进的路线，看看沿着哪条绳索走下去，可以让它找到羊群，然后将正确绳索上的字连在一起，你就可以知道牧羊犬的品种了。

答案：________________

镜中的影像

伊奈斯照了照镜子，然后她发现了一件奇怪的事情：浴室和浴室在镜子里的影像竟然有 10 处不同的地方。你能将它们找出来吗？

Hello

舞蹈课

丽莎要去上舞蹈课，在下图中帮她找出一条能够到达教室的路吧。路上她要先穿舞鞋，再穿舞裙。注意不要走重复的路线哟。

乘风破浪

下图中有 10 处异常的地方，你能将它们找出来吗？

正确的阴影

下图中标注着数字 1 到 7 的黑色阴影中，只有一个是与黄色的直升机的轮廓完全相符的，你能将它找出来吗？

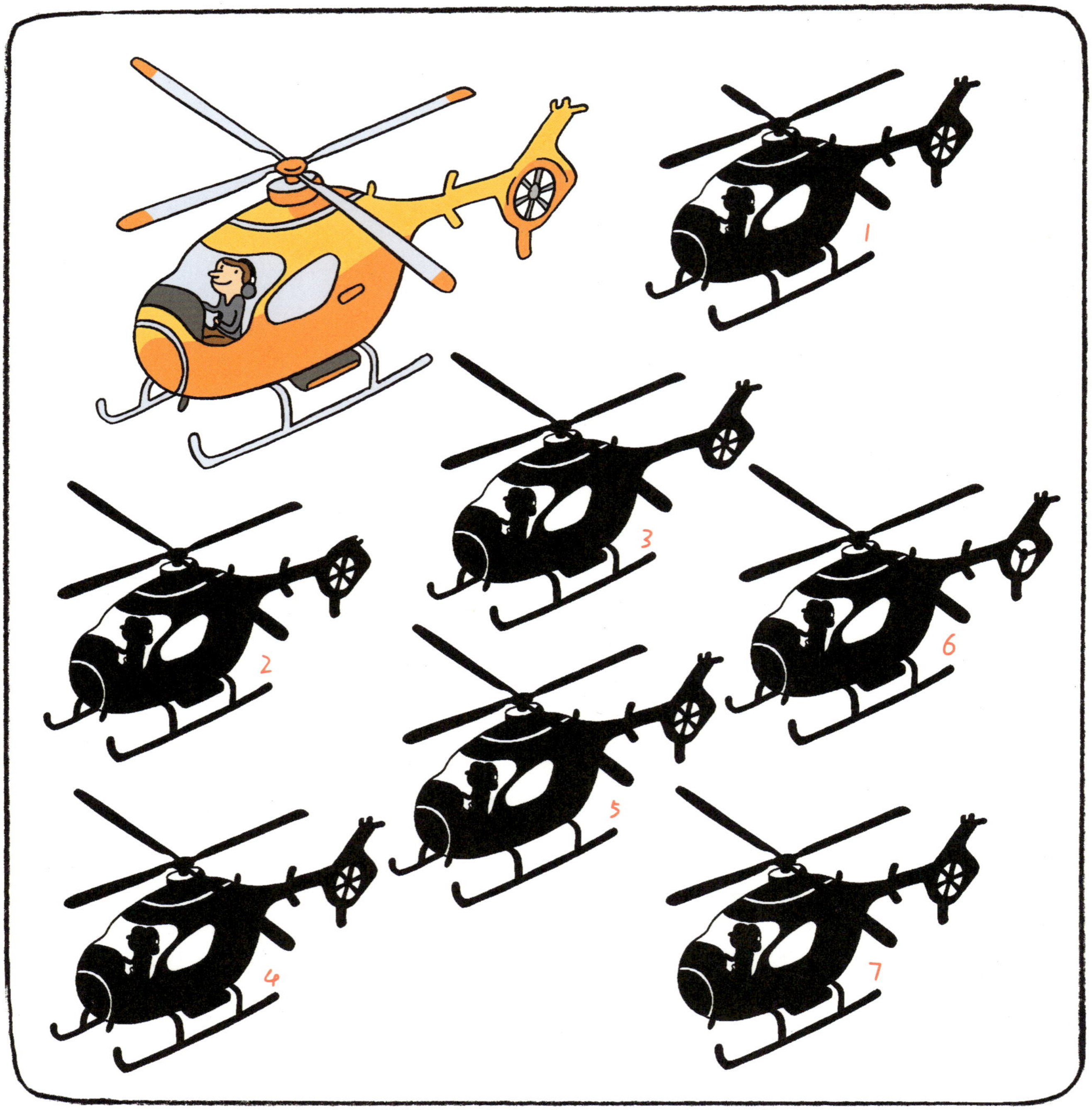

雪屋迷宫

伊努克现在正在北极，这里好冷啊。糟糕，他的手都快冻僵了。快来帮帮他，让他快点儿穿过迷宫找到雪屋中的手套吧。

上学路

三个孩子骑自行车去上学，帮他们规划一条通往学校的路线吧。

找东西

索菲亚正在翻抽屉，她在寻找一样东西。从下图中标着“远”字的抽屉开始，看看其余哪个抽屉中装有和这个抽屉相同的某件物品，以此类推，将所有的抽屉按顺序排列，将抽屉上面的字连在一起，你就知道索菲亚要找的是什么了。

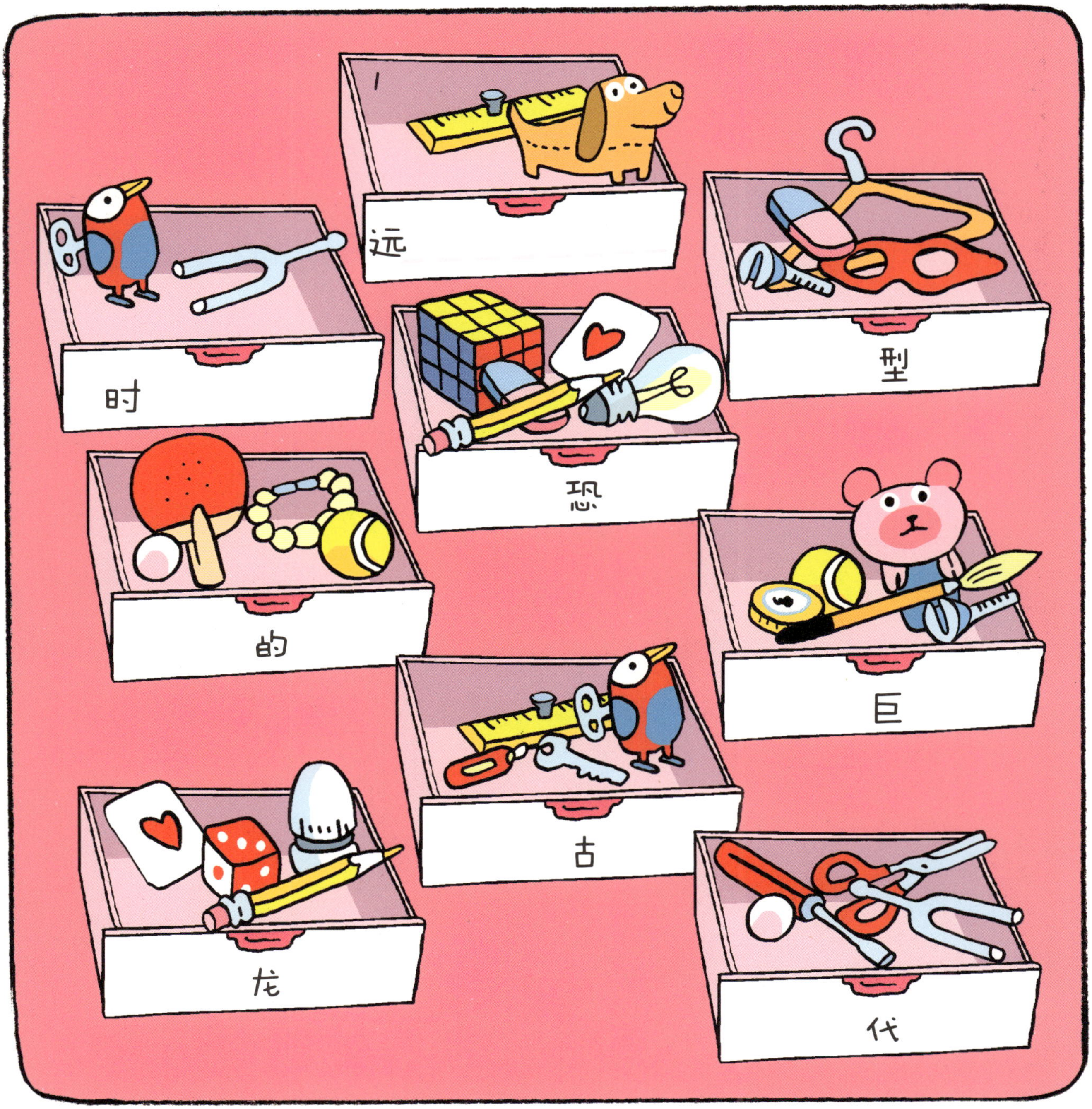

找不同

外星人坐着宇宙飞船来侵略地球了，他们的飞船距离地球越来越近……下面的两幅图有 15 处不同，你能把它们都找出来吗？

打结的水管

法比安想给胡萝卜浇水，可是水管缠在了一起。要是法比安拽住水管的两头，将它抻直，水管上总共会打多少个结呢？你能数得出来吗？

大冰块

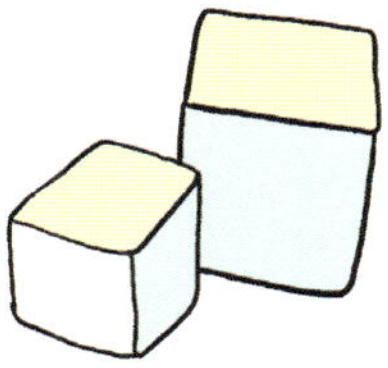

吉米正在搬运冰块，为建造冰屋做准备。观察下图的冰块堆，看看吉米已经堆了多少个冰块。

我们来了，地球人

哎呀！ 外星人来到了地球！ 沿着下图中每个外星人的尾巴走下去，看看每条尾巴分别连接的是哪个泡泡，然后把泡泡中的字标在这个外星人的肚子上，最后把这些字连在一起，看看他们想对地球人说什么。

在丛林中

下面这幅图有些奇怪！睁大双眼，仔细观察，把丛林里的 10 个奇怪的地方找出来。

休息日万岁

在休息日，每个人都可以从事自己喜欢的娱乐活动。对比下面的两幅图，找出两幅图中都有的 10 个物品。

玩游戏

看下图中的四个小朋友（分别标注着字母A、B、C、D），你知道他们每个人玩的分别是什么游戏吗？沿着每个人游戏手柄上的线走下去，就可以找到答案了！

A ________ B________ C________ D________

找照片

西蒙刚刚度假回来，他把假期拍摄的照片打印了 4 份，想送给家人。可是他有一张照片不小心只打印了一份。下图就是西蒙打印的照片，你能把只有一份的那张照片找出来吗？

丢失的花蕊

下面这些花的花蕊都丢失了，请你仔细观察花瓣上的英文单词，找到这些丢失的花蕊对应的字母。将这些花蕊字母连起来，用汉语拼音拼成词语，你就知道莉莉安和法比奥手中花朵的名字了。

春天到了

春天到了，罗斯想送一束花给她的奶奶。帮助她在下图的方格中采一束花吧。要按照  的顺序采摘，注意：不能斜向前行 。

泥泞的沼泽

快呀！路易斯要陷入沼泽了，快来帮帮她，让她爬到沼泽对面的大树上去，注意：路上要避开生活在沼泽中的鳄鱼和其他有黏性的危险生物。

设计城堡

皇家建筑师接到国王的命令，要他设计一座城堡，他画的草图太多了，现在他找不到正确的图纸了。帮助他在标注着字母A、B、C、D、E、F、G的城堡草图中找到与右下角的城堡相符合的吧。

捕鱼

下图中的船长好像捕到了不少鱼，你想知道他捕上来的是什么鱼吗？把下图中的鱼按照从小到大的顺序进行排列，然后将鱼身上的字连在一起，你就可以知道答案了。

漂亮的小鱼

下图中的鱼看起来都差不多……不过如果你仔细观察，就会发现有三条鱼和其他鱼长得不一样，你能找出来是哪三条鱼吗？

找药炉

女巫需要一些小蜘蛛来制作药水。想炼制药水，还需要用药炉。按照下面的提示，帮她找到药炉吧：从左下角的格子出发，在每个岔路口都选择蜘蛛数量最多的格子前进。将走过的格子中的字连在一起，就可以知道这种蜘蛛的名字了。

答案：________________

节日宴会

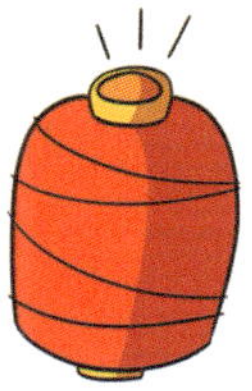

节日宴会就要开始了，可是皮埃尔还没找到举办宴会的大厅，快来帮帮他吧。规则如下：选择的路线要经过所有的纸灯笼，而且不可以走重复的路。

小猫咪

宝琳娜正在寻找邻居的小猫咪。这只猫咪的身上有一块白色的斑点，眼睛是绿色的，它没有伸舌头，也没在上厕所。你能在下图中标注着数字 1 到 15 的小猫咪中把它找出来吗？

好漂亮

蜂鸟和蝴蝶正在木槿花丛中飞翔，不要点数，直接看图，说出蜂鸟、蝴蝶和木槿花哪个数量最多。

收藏款汽车

下图中的汽车都是收藏款，在生产的时候每款汽车生产了三辆，但是只有一款汽车例外，这款汽车只生产了一辆，你能将它找出来吗?

骑马准备

罗拉要去骑马，但是在骑马之前，她要先做一些准备。沿着马缰绳往前走，帮助罗拉找到她的箱子，然后将马缰绳上的字连在一起，你就知道罗拉最需要的那件物品是什么了。

答案：________________

参考答案

2页

3页

2和7。

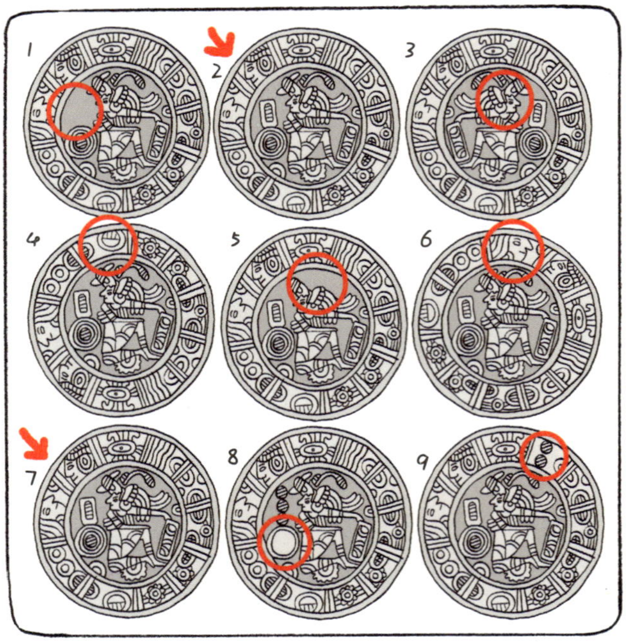

4页

5页

6号拼图。

6—7页

8—9页

10页

鱼类，水，节肢类。

11页

3H，5H，第3幅小图在大图里没有出现，3B，2D，8F。

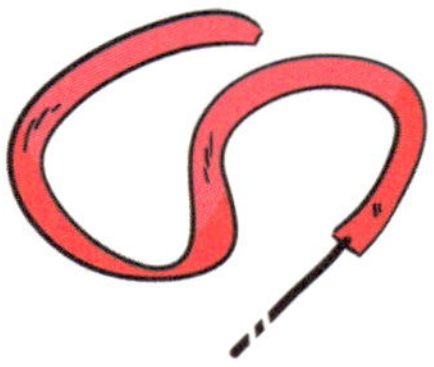

12页

绿松石色。

13页

5号拼图。

14页

O彩蛋壳没有另一半。

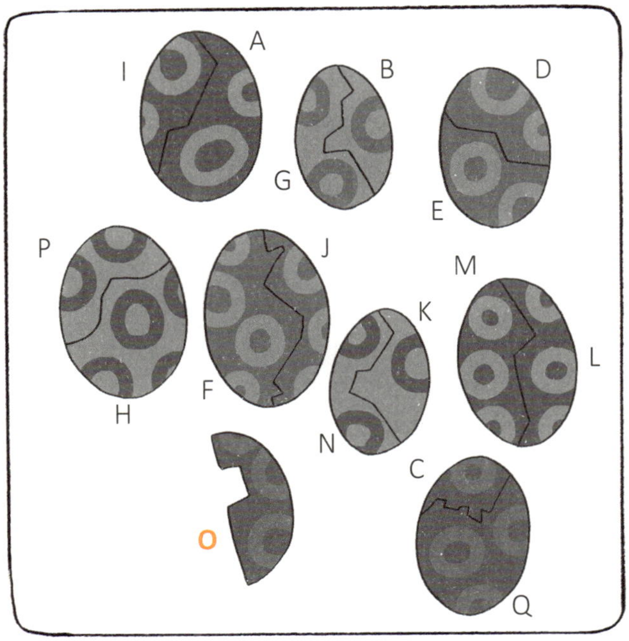

15页

灵活的青蛙。

16—17页

18页

图D。

19页

冬日可爱。

20页

电动打蛋机是汽车修理工用不到的东西（图中红色箭头所指处）。

21页

从左到右分别是：佐伊、弗洛、艾米丽、哈里森、爱丽丝。

22页

正确的顺序是：3、2、6、5、4、1。

23页

1.餐刀–叉子 2.笔–笔帽 3.铅笔–削笔刀 4.锹–耙 5.网球–球拍 6.葡萄酒–开瓶器 7.围巾–帽子 8.鱼缸–鱼 9.牙刷–牙膏 10.潜水镜–呼吸管

没有配对物品的是手提包。

24页

25页

生活在美洲的狨猴。

26页

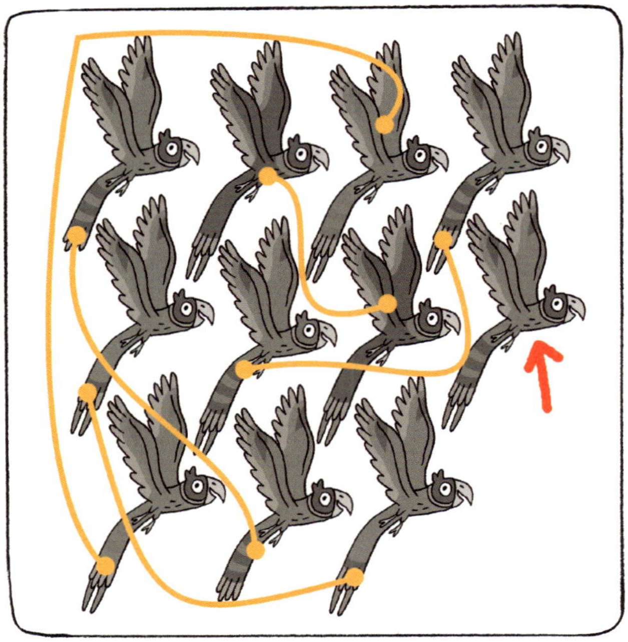

27页

卡里姆拾到的是栗子。

28页

气球、柠檬、鱼、纸飞机、香肠、火腿、小鸟、糖果、小猫、猪头等。

29页

与滑雪者相符合的阴影图是第 4 幅。

30页

31页

34—35页

36页

法国普罗旺斯美味的马赛鱼汤。

32—33页

37页

38页

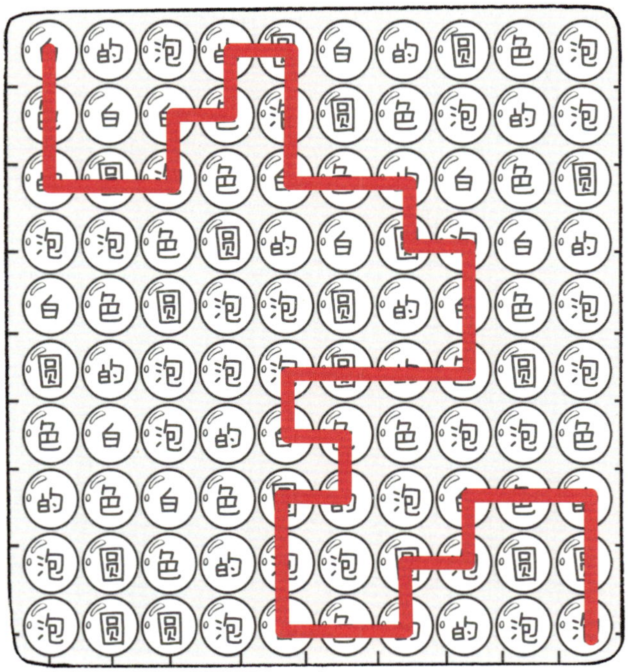

39页

5 号外星人。

40页

“水”字帐篷是多出来的。米拉在阿尔卡雄海滨浴场。

41页

7号小图。

42页

单峰驼。

43页

获得武器和盔甲，叛徒。

44页

50颗。

45页

46页

DB 5973。

47页

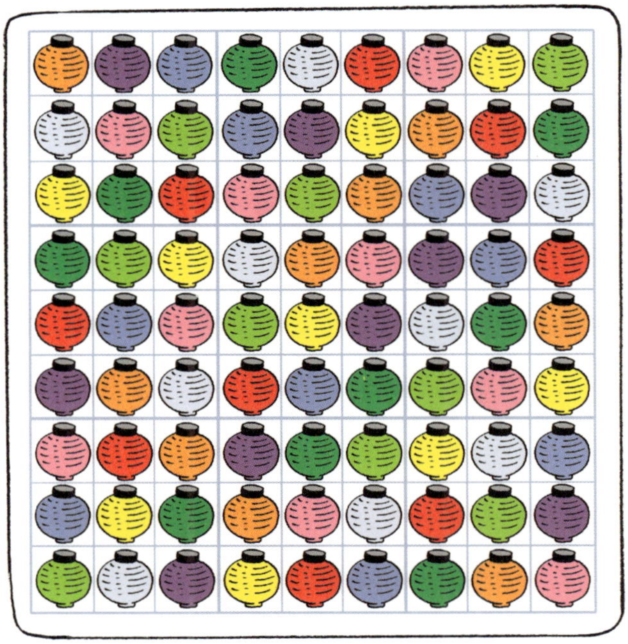

48—49页

篮子。

50页

51页

长毛匈牙利牧羊犬。

52—53页

54页

55页

56页

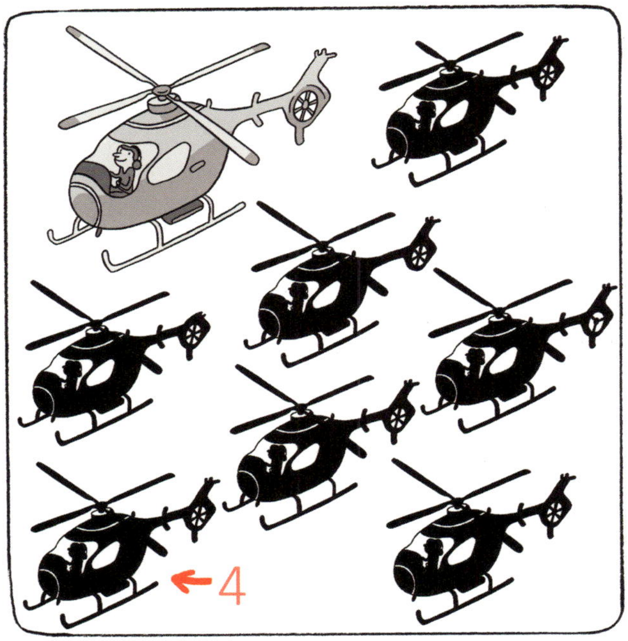

58页

57页

59页

远古时代的巨型恐龙。

60—61页

62页

63页

22个冰块。

64页

真好吃啊。

65页

66—67页

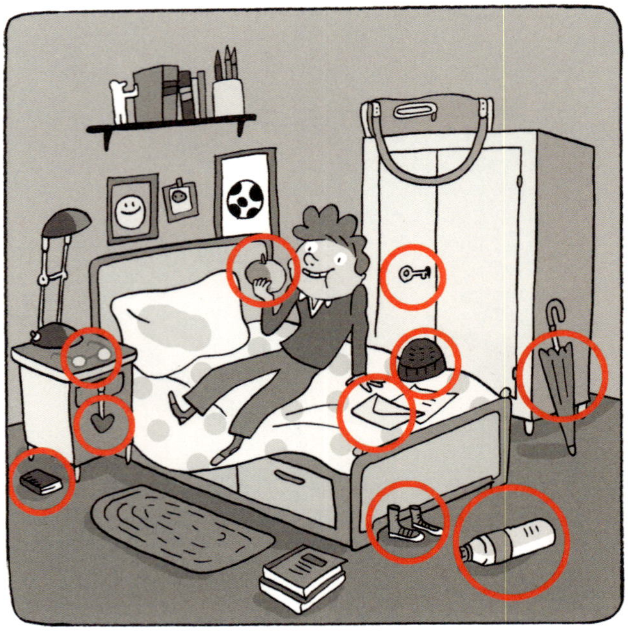

68页

A-4　B-2　C-3　D-1

69页

70页

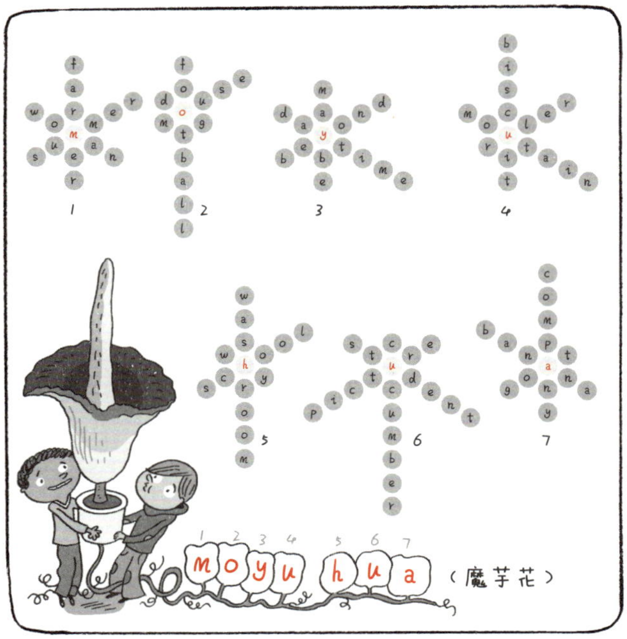

71页

72页

73页

草图D。

74页

很美味的沙丁鱼。

75页

76页

素食主义者巴希拉。

77页

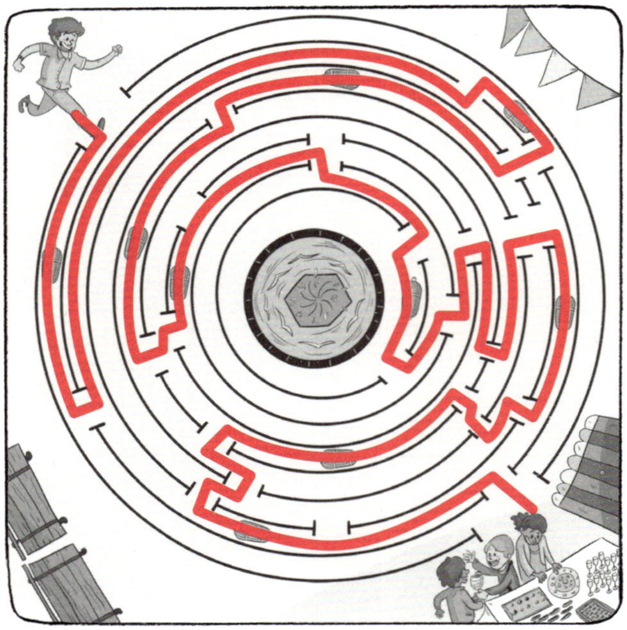

78页

10号小猫咪。

79页

图中有13只蜂鸟、8只蝴蝶、12朵木槿花。因此蜂鸟的数量最多。

80页

81页

马刷。

草稿纸

草稿纸

草稿纸

图书在版编目（CIP）数据

拉鲁斯专注力训练游戏书. 超级观察员 /（法）桑德拉 · 勒布朗,（法）奥拉尔 · 梅耶著；（法）洛朗 · 奥都安,（法）莫德 · 里恩纳尔绘；唐天红译. -- 北京：中信出版社, 2023.2（2025.10重印）
ISBN 978-7-5217-5043-0

Ⅰ. ①拉… Ⅱ. ①桑… ②奥… ③洛… ④莫… ⑤唐… Ⅲ. ①智力游戏—儿童读物 Ⅳ. ①G898.2

中国版本图书馆CIP数据核字（2022）第225407号

拉鲁斯专注力训练游戏书：超级观察员

著　　者：[法]桑德拉・勒布朗　[法]奥拉尔・梅耶
绘　　者：[法]洛朗・奥都安　[法]莫德・里恩纳尔
译　　者：唐天红
出版发行：中信出版集团股份有限公司
（北京市朝阳区东三环北路27号嘉铭中心　邮编　100020）
承 印 者：北京启航东方印刷有限公司

开　　本：889mm×1194mm　1/16　　印　　张：6　　字　　数：100千字
版　　次：2023年2月第1版　　印　　次：2025年10月第11次印刷
京权图字：01-2022-3333　　书　　号：ISBN 978-7-5217-5043-0
定　　价：39.80元

服务热线：400-600-8099
投稿邮箱：author@citicpub.com

出　　品　中信儿童书店
图书策划　小飞马童书
策划编辑　张婷
责任编辑　刘莲
营销编辑　潘琳　赵诗可　姚梦云
封面设计　谢佳静
内文排版　北京沐雨轩文化传媒